AF285418

Regensburg

lieben lernen

Der perfekte Reiseführer für einen unvergessli-chen Aufenthalt in Regensburg inkl. Insider-Tipps und Packliste

Emma Wallenstein

FSC

www.fsc.org

MIX

Papier aus ver-
antwortungsvollen
Quellen
Paper from
responsible sources

FSC® C105338

✈ INHALT

Das erwartet Sie in diesem Buch

Sie planen einen Städtetrip nach Regensburg? Perfekt! Denn in diesem Buch zeige ich Ihnen meine Regensburg-Reisetipps und verrate Ihnen, was Sie bei Ihrem Besuch in Regensburg alles erleben können.

Die wunderschöne Stadt Regensburg kann voller Stolz auf eine mehr als 2.500 Jahre alte Geschichte zurückblicken und ist zudem die viertgrößte Stadt Bayerns. Da die Regensburger Innenstadt vom Zweiten Weltkrieg weitestgehend verschont wurde, können Sie in der Altstadt rund 1.400 mittelalterliche Gebäude in romanischer und gotischer Architektur bestaunen. Einen solchen zusammenhängenden Bestand werden Sie in Deutschland kein zweites Mal finden.

Wussten Sie eigentlich, dass Regensburg seit dem Jahr 2006 zum UNESCO Weltkulturerbe gehört? Und trotzdem ist die Stadt Regensburg alles andere als eine Klischee-Stadt, sie ist eine entspannte, muntere und schlichte Metropole, die direkt an der Donau liegt. Mir bereitet es immer wieder große Freude durch das Gewirr aus alten Straßen und Gassen zu wandern. Ich bin der Meinung, dass Sie Regensburg einfach mal erlebt haben müssen!

Dabei spielt es keine Rolle, ob Sie es sich an einem Sommerabend am Bismarckplatz auf den Stufen einer der Brunnen bequem machen und den Anblick auf die schönen Wasserspiele mit der romantischen Häuserkulisse der Altstadt im Hintergrund genießen oder im Winter, wenn man zur Adventszeit den vielerorts bekannten Weihnachtsmarkt besucht. Ich bin mir sicher, dass sich bei Ihrem Besuch in Regensburg garantiert ein Urlaubsgefühl bemerkbar machen wird!

Sehenswürdigkeiten in Regensburg

Ich bin der Meinung, dass Sie meine Heimatstadt Regensburg und ihre wunderbare Umgebung einfach erleben müssen! Nirgendwo anders als hier wird es Ihnen leichter fallen, einmalige Eindrücke zu sammeln, die mit Sicherheit in Ihrer Erinnerung bleiben werden. Genau aus diesem Grund möchte ich Ihnen einige Sehenswürdigkeiten vorstellen, die Sie bei Ihrem Besuch in Regensburg gesehen haben sollten!

SCHLOSS DER FÜRSTENFAMILIE VON THURN UND TAXIS - ST. EMMERAM

Das bekannte Schloss der Fürstenfamilie von Thurn und Taxis finden Sie in unmittelbarer Nähe des Regensburger Hauptbahnhofs. Das Schloss ist ein ehemaliges Benediktinerkloster mit dem Namen St. Emmeram und stammt aus dem 8. Jahrhundert. Die Fürstenfamilie von Thurn und Taxis erwarb das Kloster im Jahre 1810 und baute dies zu ihrer Stamm Residenz aus. Die Fürstin Gloria und Fürst Albert II von Thurn und Taxis leben heute noch in einem Teil des Schlosses. Vor allem dem großen persönlichen und finanziellen Einsatz der fürstlichen Familie von Thurn und Taxis ist es zu verdanken, dass St. Emmeram noch heute ein hervorragend erhaltener und gepflegter Schlosskomplex ist.

In den nicht bewohnten Teilen des Schlosses können Sie das Museum sowie den Kreuzgang und die umliegenden Gebäude aus dem Teil des ehemaligen Klosters St. Emmeram sowie die Prunkräume des Schlosses und den Marstall besichtigen.

Hier muss ich jedoch anmerken, dass Sie das Schloss und den Kreuzgang nur mit geführten

Führungen von mindestens 5 Personen besichtigen können. Diese sollten Sie mindestens 2 Wochen vor der gewünschten Besichtigung buchen. Die Rundgänge (Führungen) finden täglich vom 16. März bis 15. November statt. Sie haben hier verschiedene Besichtigungsmöglichkeiten. Entweder Sie buchen eine Premiumführung (90 Min.) zu regulär 13,50 €, ermäßigt 11,00 € pro Person oder eine Kompaktführung (60 Min.) zu regulär 10,00 €, ermäßigt 8,50 € pro Person.

Die Schatzkammer und den Marstall können Sie ohne Führung besichtigen. Das Marstall Museum hat seine Türen für Sie vom 17. Mai bis Mitte Oktober geöffnet. Der Eintrittspreis hierfür beträgt regulär 4,50 €, ermäßigt 3,50 € pro Person.

Anmerkung: 2018 drehte die Schlagerband Klubbb 3 zusammen mit der Fürstin Gloria im Schloss St. Emmeram ihr Video zu ihrem Song mit dem Titel "Märchenprinzen". Außerdem finden auf dem Anwesen der Fürstenfamilie von Thurn und Taxis jährlich die berühmten Schlossfestspiele statt. Im Jahr 2019 freuen sich die Regensburger Bürger und Bürgerinnen vom 12. bis 21.07.2019 unter anderem auf Auftritte von Nena, Revolverheld, Haindling, Kool & The Gang u.v.m.

Jedes Jahr zur Adventszeit eröffnet die Fürstin Gloria von Thurn und Taxis einen kleinen sehenswerten Weihnachtsmarkt für die Stadtbewohner und dessen Besucher.

DOM ST. PETER

Der Dom St. Peter in Regensburg ist der zweitgrößte Dom in Deutschland und somit auch eine der bedeutendsten Kathedralen. Der Dom St. Peter wurde in Form der französischen Gotik errichtet und hinterlässt beim Besucher durch sein 32 Meter hohes Gewölbe, das sich durch das Mittelschiff erstreckt, mit Sicherheit einen bleibenden Eindruck. Berühmt sind unter anderem auch die gut erhaltenen mittelalterlichen Glasfenster. Diese tragen sehr viel zu der besonderen Atmosphäre des Doms bei. Um diese Atmosphäre wirklich festhalten zu können, empfehle ich Ihnen, den Dom an verschiedenen Tageszeiten zu besuchen.

Die Fassade des Doms St. Peter ist ein Flickenteppich aus zwei Steinmaterialien und zwar aus

Kalkstein und einem grünlichen Sandstein. Im Inneren des Doms finden Sie auf einigen der Säulen eine rötliche Färbung, welche einen Hinweis darauf gibt, wie farbenfroh der Dom in der Gotik dekoriert war. An der schönen verzierten Außenfassade werden Sie viele Skulpturen finden, die der mittelalterliche Glaube zu bieten hatte. Viele dieser Statuen, von Heiligen, Drachen, Dämonen, Löwen, Vögel, Affen bis hin zu Schweinen und mehr, werden Sie an der Außenseite des Doms St. Peter betrachten können.

DIE ALTE KAPELLE

In direkter Nähe des St. Peter Dom (Alter Kornmarkt 8) stoßen Sie auf die Alte Kapelle. Der Name dieser Kirche klingt sehr unscheinbar, aber dahinter verbirgt sich nicht weniger als die allererste Kirche in Bayern. Diese wurde von Ludwig dem Deutschen, um 875 errichtet. Auch schenkte Papst Benedikt VIII. dem Kaiser Heinrich II. ein Gnadenbild, welches die Heilige Mutter Maria mit ihrem Kind Jesus zeigt. Allein schon aus dem Grund dieses Bild zu betrachten, sollten Sie der alten Kapelle einen Besuch abstatten.

ALTES RATHAUS

Dass Sie vor dem alten Rathaus in Regensburg stehen, erkennen Sie an dessen zweigeschossigen Erker und den 55 Meter hohen Turm. Ich kann Ihnen nur raten, dass Sie bei Ihrer Stadtbesichtigung dieses Gebäude auf keinen Fall vergessen, denn es ist, meiner Meinung nach, ein lebendiges Zeugnis der europäischen Geschichte.

Bei der Besichtigung des Alten Rathaus werden Sie unter anderem eine Uhr ohne Minutenzeiger, das Reichstagsmuseum und ein altes Kellergewölbe mit originalen Folterwerkzeugen bestaunen können. Die Führungen im Reichstagsmuseum finden in der Zeit vom 01.04 - 31.10. täglich alle 30 Minuten und vom 01.11 - 28.02. alle 1,5 Std. statt.

TURM DER DREIEINIGKEITSKIRCHE

In den Sommermonaten kann ich jedem Regensburgbesucher nur nahelegen, den achtstöckigen Nordturm der wunderschönen Dreieinigkeitskirche zu besteigen. Von dort oben werden Sie einen umwerfenden Blick auf die Altstadt, den St. Peter Dom sowie weit in das Regensburger Hinterland hinein erhalten.

Den Turm können Sie während der Öffnungszeiten ab dem letzten Wochenende im März bis zum letzten Wochenende im Oktober täglich von 12:00 Uhr - 18:00 Uhr für einen Eintrittspreis in Höhe von 2, - € / 1,50 € ermäßigt besteigen. Im Preis inbegriffen ist der Besuch des kleinen Museums, welches über die Geschichte und Bedeutung der Dreieinigkeitskirche erzählt.

PORTA PRAETORIA

Einen Besuch ist auch das Porta Praetoria, ein römisches Torhaus aus dem Jahr 179 n. Chr., wert. Dieses Portal, das zwischen dem Domplatz und der Donau liegt, war zur Zeit von Marcus Aurelius der nördliche Eingang zum Militärlager Castra Regina. Sie können nach weiteren Überresten der Römermauer suchen, wenn Sie östlich von der Maximilianstraße die Stadt vom Bahnhof aus und von der Tiefgarage am Dachauplatz betreten.

STEINERNE BRÜCKE &
BRÜCKENTURM MUSEUM

Die Steinerne Brücke stammt aus dem Mittelalter und überspannt die Donau seit nun mehr fast 900 Jahren. Am Kopf der Brücke, direkt neben der Altstadt, befindet sich der Brückenturm. Hier können Sie täglich von April bis Oktober in der Zeit 10:00 Uhr - 19:00 Uhr auf den einzelnen Stockwerken eine sehr interessante Ausstellung über die verschiedenen Aspekte der Geschichte der Steinernen Brücke sowie ein vorhandenes altes Turmuhrwerk besichtigen. Als extra Highlight erhalten Sie von dort oben einen atemberaubenden Ausblick über die Dächer der Stadt Regensburg.

Der Eintrittspreis des Museums beträgt regulär 2,- € und 1,50 € ermäßigt.

Kennen Sie eigentlich schon die wunderschöne Legende vom Männlein am Dom zu Regensburg?

„Das Männlein befindet sich am äußeren Chor und hält einen Topf über den Kopf. Dabei hat es die Absicht, sich herabzustürzen. Dieses Männlein soll den Dombaumeister darstellen, welcher mit dem Baumeister der Steinernen Brücke eine Wette abschloss. Diese ging darum, dass derjenige der beiden, der seinen Bau früher vollendete, dem Besiegten eine Leibesstrafe auflegen dürfte."

Da logischerweise die Brücke (der Teufel habe dem Brückenbauer geholfen) früher fertiggestellt war als der Dom, ließ ihr Baumeister dem Dombaumeister zum Hohn auf einem Häuschen in der Mitte der Brücke ein steinernes Männchen setzen, dass die eine Hand über die Augen haltend und gegen den Dom schauend, in der anderen einen Zettel mit der Inschrift hielt: »Schuck, wie heiß.« Wegen dieses Hohns geriet der Dombaumeister in Verzweiflung und stürzte sich von seinem noch nicht fertiggestellten Dom herab".

Allein schon aus diesem Grund sollten Sie einen Besuch dieser beiden Sehenswürdigkeiten, bei Ihrem Regensburgbesuch auf keinen Fall vergessen! Nachdem Sie nun schon den Dom St. Peter, den

Brückenturm und die Steinerne Brücke besichtigt haben, lädt Sie die

HISTORISCHE WURSTKUCHL

zur Pause ein. Dieses historische Restaurant, welches neben der Steinernen Brücke und dem Salzstadel liegt, wurde seit seiner 850jährigen Bestehung schon mehrmals von den unbeständigen Überschwemmungen der Donau unter Wasser gesetzt. Die Wurstkuchel ist für seine leckeren und traditionellen fingergroßen Würsten weit über die Tore Regensburgs hinaus bekannt. Diese Würste werden über Buchenholz gegrillt und mit eigenem Sauerkraut, Kipferl und süßem Senf serviert. Es wird behauptet, dass die Wurstkuchl die älteste Wurstküche der Welt sei.

Frisch gestärkt und ausgeruht können Sie nun entweder einen schönen Verdauungsspaziergang entlang der Donau machen oder eine schöne Rundfahrt mit dem Schiff unternehmen.

SALZSTADEL

Direkt neben der Steinernen Brücke werden Sie den Salzstadel finden. Dieser wurde in den Jahren 1616 bis 1620 erbaut. Laut dem damaligen Kaiser von Regensburg durften die Bürger mit Salz handeln. Aus diesem Grund wurde das Gebäude errichtet. Das benötigte Salz ist damals mit dem Schiff, in der Regel aus Bad Reichenhall, in die Stadt Regensburg gebracht worden.

Sie können hier die uralten mächtigen Pfeiler sowie riesige Eichenbohlen bestaunen, welche damals die Salzlast trugen. Auch kleine Läden und ein Kaffee laden Sie hier zum Shoppen oder Verweilen ein. Natürlich können Sie von Ihrem jetzigen Standort aus auch das Besucherzentrum Welterbe besichtigen, welches in unmittelbarer Nähe liegt.

BESUCHERZENTRUM WELTERBE

Das Besucherzentrum hat für Sie das ganze Jahr über von 10.00 Uhr - 19.00 Uhr geöffnet. Neben den eindrucksvollen Ausstellungsstücken über die Regensburger Geschichte können Sie sich hier auf mehreren Etagen auf eine Zeitreise, welche Sie über die

Route vom Römerlager bis hin zur Modernen, begeben. Der Eintritt in das Besucherzentrum ist kostenlos.

GOLIATHHAUS

Genau wie der Salzstadel und das Besucherzentrum werden Sie auch das bedeutende Goliathhaus, nur einen Steinwurf von der Steinernen Brücke entfernt, finden. In der Goliathstraße 4 sticht Ihnen die mit Zinnen gekrönte frühgotische ehemalige Hausburg sofort ins Auge. Dieses Haus wurde im 13. Jahrhundert von mächtigen Patrizierfamilien bewohnt. An der Außenseite des Hauses werden Sie ein überaus prachtvolles Außenfresko aus dem Jahre 1573, welches den Kampf von David und Goliath darstellt, sehen. Leider ist eine Besichtigung dieser alten Patrizierburg nicht möglich! Aber ich finde, dass dieses Bauwerk mit seinem überdimensionalen Gemälde Ihren Besuch mehr als verdient.

OSTENTOR

Das Ostentor war bis zum Jahr 1889 der einzige Stadtzugang und ist mit Sicherheit auch heute noch eines der schönsten Stadttore in Deutschland. Es wurde um 1300 erbaut und zeigt heute noch sehr deutlich seinen wehrhaften Charakter. Allein schon durch seinen fünfstöckigen Turm, welcher von zwei kleineren achteckigen Türmen flankiert wird, ist eine sehr imposante Erscheinung. Ich möchte anmerken, dass dieses Tor auch heute noch von vielen Fahrzeugen und Fußgängern passiert wird.

Leider können Sie dieses mittelalterliche Tor nur von außen besichtigen.

Stadtführungen und Touren

Wenn Sie die schöne Stadt Regensburg nicht selbst entdecken möchten, dann können Sie dies auf einem sehr einfachen Weg tun. Nehmen Sie an einer der Führungen teil und gewinnen Sie im Rahmen dieser Einblicke in die sehr interessante Geschichte sowie über das Leben in Regensburg. Lassen Sie sich von mir einfach inspirieren!

NEUPFARRPLATZ

Der Neupfarrplatz ist "der" Ort in Regensburg, an dem sich die zweitausendjährige Geschichte am besten widerspiegelt. Hier können Sie unter anderen immer Do, Fr und Sa um 14:30 Uhr sowie im Juli und August auch So und Mo um 14:30 Uhr für einen Preis in Höhe von normal: 5,- €, ermäßigt: 2,50 € und Familien: 10,- € das Römische Legionslager, welches in sechs Metern Tiefe unter dem Neupfarrplatz liegt sowie ein mittelalterliches Judenviertel besichtigen.

Tickets hierfür erhalten Sie bei Tabak Götz, Domplatz 6, 93047 Regensburg

REGENSBURG - EINE HISTORISCHE STADT ERLEBEN

Wer Regensburg nicht auf eigene Faust erkunden möchte, dem möchte ich diese Führung ans Herz legen. Ich finde, dass man diese Führung durch unsere wunderschöne Altstadt einfach gemacht haben muss. Bei dieser Führung schlendern Sie durch Regensburgs enge Gassen und über weite Plätze. Dabei lernen Sie viel über die Zweitausendjährige Geschichte der Stadt Regensburg kennen. In der Regel führt dieser 1,5 Stunden andauernde Rundgang zum Dom und zur Steinernen Brücke, zur Porta Praetoria und zum Alten Rathaus, vorbei an den Patrizierhäusern bis hin zu den Geschlechtertürmen und vielen anderen interessanten Sehenswürdigkeiten.

Die Rundgänge finden in der Zeit von April bis Oktober täglich um 10:30 Uhr und um 14:30 Uhr statt. Im November bis März finden die Führungen immer Montag bis Freitag um 10:30 Uhr sowie Samstag/Sonntag/Feiertage um 10:30 Uhr und um 14:30 Uhr statt. Der Preis für diesen Rundgang beträgt für Erwachsene 10,00 €, Ermäßigt 7,00 € und für eine Familienkarte 20,00 €.

Hinweis: Die Tickets für diese Führung können Sie in der Touristinformation im Alten Rathaus, Am Rathausplatz 4, in 93047 Regensburg, erwerben. Beachten Sie, dass die Teilnehmerzahl dieser Führung beschränkt ist, deshalb melden Sie sich frühzeitig für diese Führung an!

VON MARINA FORUM ZUR ALTSTADT

Die Stadt Regensburg im 21. Jahrhundert ist viel mehr als nur eine Altstadt. Bei dieser Führung erkunden Sie den Weg vom "Marina Quartier" entlang an der Donau bis ins Stadtzentrum und erfahren die Geschichte der vergangenen zweihundert Jahre Stadtentwicklung. Hier kommen Sie z.B. vom alten Schlachthof, der zum Tagungszentrum wurde, über die Anlegestellen, wo die Donau-Dampfschifffahrt von modernen Kreuzfahrtschiffen abgelöst wurde, vorbei. Wenn Sie möchten, können Sie während der Führung den Turm vom Ostentor besteigen.

Die Führung findet in der Regel Donnerstag 02. Mai um 18:30 Uhr und Donnerstag 12. September um 18:30 Uhr statt. Sie startet beim Besucherzentrum Welterbe/Salzstadel und kostet 10 € pro Person (7 € ermäßigt, 20 € für Familien).

ITALIENISCH KULINARISCHE FÜHRUNG

Bei dieser Führung begeben Sie sich auf eine kulinarische und mediterrane Gourmetreise durch die romantische Altstadt von Regensburg. Zitat: "Die nördlichste Stadt Italiens" – Regensburg bietet Ihnen mit ihren unzähligen kleinen und romantischen Gässchen ein italienisches Flair, welches sie nirgendwo anders in Deutschland finden werden.

Sie werden bei dieser 2 bis 2,5 stündigen Führung fünf italienische Restaurants besuchen. In diesen können Sie typisch italienische Leckereien probieren und erfahren dabei viele Details über die verschiedenen Restaurants. Das Schöne, ganz nebenbei erfahren Sie in dieser einmaligen Stadtführung sehr viel über die Geschichte und Kultur sowie über die Hintergründe der Stadt Regensburg und erhalten am Ende der Führung eine kleine Überraschung!

DIE CONTINENTAL ARENA

Die Continental Arena ist seit der Saison 2015/16 Heimat des Regensburger Fußballverein SSV Jahn Regensburg. Die Arena liegt im Süden von Regensburg, in der Franz-Josef-Strauß-Allee 22 und somit in direkter Nähe der Universität. Die Arena hat eine Kapazität von 15.210 überdachten Zuschauerplätzen, wobei das Gesamte Areal eine Fläche von 150.000 m² umfasst. Wenn Sie Fußballfan sind empfehle ich Ihnen, die Arena zu besuchen, um bei einer Führung einen exklusiven Einblick in die neue Continental Arena (z.B. Business-Logen) zu bekommen und die einmalige "Wohlfühl-Atmosphäre" erfahren können.

Bei dieser Führung werden Ihnen viele Bereiche der Arena gezeigt, unter anderem die Mannschaftskabinen, die Trainingsräume und den Pressebereich. Als Highlight können Sie wie ein Profi durch den Spielertunnel hinaus auf das Spielfeld gehen und bekommen die einzigartige Atmosphäre einer Arena zu spüren.

MIT DEM FAHRRAD IN REGENSBURG UNTERWEGS

Da es in Regensburg sehr viele Sehenswürdigkeiten gibt und einige davon auch etwas außerhalb liegen, möchte ich Ihnen diese Führung ans Herz legen. Denn in diesen 1,5 Stunden können Sie die unter anderem erhalten gebliebenen Reste der Stadtmauern, die Alleen und Parks oder die Donauinseln und den Ortsteil Stadtamhof, welcher am anderen Flussufer liegt, erkunden. Das geht natürlich viel schneller und bequemer als zu Fuß.

Diese Führung findet am 12. Juni und 21. August um 18.30 Uhr statt. Der Preis beträgt pro Person 10,00 € (Ermäßigt 7,00 €, Familien für 20,00 €). Der Treffpunkt für diese Tour ist am Besucherzentrum Welterbe / Salzstadel.

STADTRUNDFAHRT DURCH DIE EINZIGARTIGE GESCHICHTE REGENSBURGS

Nehmen Sie Teil an der einmaligen City Tour durch die malerische Altstadt und durch die einmalige Geschichte von Regensburg. Die Fahrt mit einem Bummelzug dauert ca. 45 Minuten und startet vom Domplatz aus. Sie führt vom Alten Rathaus an der Steinernen Brücke vorbei bis hin zum Schloss der Fürstenfamilie von Thurn und Taxis. Dann geht es weiter zu den schönen Patriziertürmen zur historischen Wurstkuchl. Diese Sehenswürdigkeiten können Sie alle wunderbar von der Bahn aus betrachten und erfahren nebenher zudem Witziges und Wissenswertes von der Stadt und seinen Einwohnern.

Ich garantiere Ihnen, dass Sie auf dieser Tour viele Highlights aus mehreren Jahrhunderten erleben werden! Die Tour kostet Sie pro Person 9,00 € (ermäßigt 7,00 €), als kleines Schmankerl ist im Preis ein Gutschein, für ein Haferl Kaffee, im Café Heuport enthalten.

Hinweis: Die Karte für diese Tour können Sie direkt beim Fahrer an der Domplatz Haltestelle oder in der Touristinformation erwerben.

HISTORISCHE STRUDEL RUNDFAHRT

Bei dieser 45 minütigen Schiffstour weht Ihnen mehr als nur der Fahrtwind um die Ohren. Sie erhalten während dieser Fahrt sehr viele interessante und reichhaltige Einblicke in die Geschichte von Regensburg. In der Zeit vom 20. April bis 6. Oktober 2019 findet die Rundfahrt 6 mal täglich zu einem Preis von 9,50 € pro Person (Kinder von 6-13 Jahren 50% ermäßigt) statt.

ERLEBNISRUNDFAHRT ZUR WALHALLA (BEFREIUNGSHALLE KELHEIM)

Dreimal täglich findet in der Zeit vom 20. April bis 6. Oktober 2019 die zweistündige Erlebnisrundfahrt von Regensburg zur Walhalla und zurück statt. Bei dieser Rundfahrt werden Sie mit Sicherheit nicht nur von der Magie der Donau verzaubert. Sie werden während der Fahrt Informationen und sehr viel Wissenswertes über die verschiedenen Sehenswürdigkeiten entlang der Strecke erhalten. Dabei sollten Sie wissen, dass für Sie die Möglichkeit zum Ein- und

Ausstieg an der Walhalla bzw. Donaustauf besteht. Diese Rundfahrt kostet 15,50 € pro Person (Kinder von 6-13 Jahren 50%).

Die Walhalla wurde am 18.10.1842 (12-jährige Bauzeit) von König Ludwig I eröffnet. In der Ruhmeshalle wird die deutsche und europäische Geschichte mit ca. 130 Marmorbüsten und 65 Gedenktafeln eindrucksvoll wiedergegeben. Aber erst nachdem man die über 358 Stufen bezwungen hat, erreicht man das stilvolle Denkmal mit seinem riesigen und eindrucksvollen Eingangsportal. Von hier aus werden Sie eine atemberaubende Aussicht haben.

Tipp: Wer ein atemberaubendes und unvergessliches Naturschauspiel erleben möchte, der sollte sich auf keinen Fall den Sonnenaufgang an der Walhalla entgehen lassen!!!

Neben den beiden oben genannten Klassikern können Sie an noch vielen anderen schönen Themenfahrten teilnehmen. Zum Beispiel können Sie sich bei einer Sonntags-Buffetfahrt oder einem romantischen Candle-Light-Dinner kulinarisch verwöhnen lassen. Was hält Sie davon ab, z.B. mit Ihrem/Ihrer Angebeteten einen wunderschön leuchtenden Sonnenuntergang im Zuge einer romantischen italienischen Nacht oder einer Sunset Cruise Fahrt zu genießen und einfach mal relaxen?

REGENSBURGER WEIHNACHTSZAUBER ERLEBEN

Sie haben vor, Regensburg zur Adventszeit zu besuchen? Wie wär's mit einer Weihnachtsführung? Lassen Sie sich doch in der Vorweihnachtszeit einfach mal so richtig verzaubern! Die Stadt Regensburg mit seinem Lichterglanz ist ein zauberhaftes Erlebnis. Diese Führung geht unter anderem in eine uralte Wohnstube hinein und Sie entdecken eine versteckt liegende kleine Kirche. Anschließend besuchen Sie ein gemütliches Kaffee. In diesem werden Weihnachtsmärchen wieder lebendig und nur dann, wenn es richtig stimmungs- und geheimnisvoll wird, erst dann fängt Weihnachten wirklich an!

Die Führungen finden freitags: 30.11., 07.12., 14.12., 21.12. jeweils um 17:00 Uhr und samstags: 01.12., 08.12., 15.12., 22.12. jeweils um 16 Uhr für einen Preis von 16,00 € pro Person (Ermäßigt: 13,00 € / Kinder bis 12 Jahre: 8,00 €) statt.

Regensburg und seine Gastronomie

Den Besuch der vielerorts bekannten Bratwurstkuchl habe ich Ihnen vorhin schon nahegelegt. Getreu nach dem Regensburger Motto, Zitat: "Essen und Trinken hält Leib und Seele zusammen" möchte ich Ihnen den Besuch einiger weiterer Gastronomiebetriebe ans Herz legen. Sie müssen nämlich wissen, dass es in Regensburg auch kulinarisch vieles zu entdecken gibt. Hier können Sie verschiedene kulinarische Köstlichkeiten wie z.B. vom feinsten Spargel, den typischen Oberpfälzer Kartoffelspezialitäten bis hin zu Fisch aus dem Land der Tausend Teiche und den bayerischen Spezialitäten wie Weißwurst und Schweinebraten erkunden. Natürlich sind Sie in Regensburg auch sehr gut aufgehoben, wenn Sie ein Fan von Süßspeisen sind!

CAFÉ SOFA

Dieses kleine Café mit Wohnzimmer-Atmosphäre liegt etwas in den Gassen von Regensburg versteckt. Sie finden es in der Spiegelgasse 1, 93047 Regensburg. Mir gefällt am meisten die heimische Atmosphäre mit seiner bunt zusammengewürfelten Einrichtung mit den gemütlichen alten Sesseln und Sofas, welche zum wohl fühlen einladen.

DAMPFNUDEL ULI

Dieses Lokal ist sicherlich eines der bekanntesten Bayerischen Lokale - wenn nicht sogar das absolut bayrische Traditionslokal. Sie finden es am Watmarkt 4 und es hat von Mittwoch bis Freitag von

10:00 Uhr bis 17:00 Uhr und samstags von 10:00 bis 15:00 Uhr seine Türen für Sie geöffnet. In einer gotischen Kammer, die mit Fotos von Bierkrügen am Fuße des Baumburger Turms gesäumt ist, serviert diese schräg altmodische kleine Noshery die besten Dampfnudeln mit Pudding. Selbst der Starkoch Alfons Schuhbeck ist von den Dampfnudeln begeistert und äußerte sich mit den Worten, Zitat: "Die besten Dampfnudeln gibts beim Dampfnudel Uli".

LEERER BEUTEL

Das höhlenartige Restaurant im gleichnamigen Kulturzentrum bietet eine fantasievoll gemischte Speisekarte mit bayerischen, tiroler und italienischen Gerichten, die drinnen oder draußen auf autofreiem Kopfsteinpflaster serviert wird. Von Dienstag bis Freitag marschieren eingeweihte Einheimische für ca. 7,20 € zu den Zwei-Gänge-Mahlzeiten ein.

KUNSTBAR - DAS DEGGINGER

Im Degginger, welches direkt in der Altstadt (Wahlenstraße 17) liegt, können Sie in einem zauberhaften Ambiente köstlichen Kaffee sowie andere, sehr leckere Getränke genießen. Die Kunstbar ist mein absoluter Favorit, da sich das Ambiente und die sehr liebevolle Einrichtung ergänzen und den Gast zum Träumen und Wohlfühlen einlädt. Abgerundet wird der Besuch durch wechselnde Kunstausstellungen und Konzerte. Vor allem an lauen Sommertagen können Sie draußen einen erfrischenden Drink und ein außergewöhnliches Ambiente genießen.

REGENSBURGER RATSKELLER

Der Regensburger Ratskeller ist ein altes traditionelles Lokal, das auch heute noch seine 100-jährige Tradition fortführt. In den historischen Gewölben können Sie die gute rustikale und klassische deutsche Küche genießen. Seit seiner Bestehung besuchten den Ratskeller nicht nur die Regensburger und Regensburg-Besucher, sondern er erhielt auch Besuche von hoher Staatsprominenz wie z.B. die Bundeskanzler Willy Brandt und Konrad Adenauer. Herr

Adenauer lobte nach einem Dinner im Ratskeller, Zitat: "Jut jekocht, Chef!" Auch einige der deutschen sowie internationalen Schauspielgrößen, darunter Willy Millowitsch, Brad Harris, Robert Wagner, Siegfried Rauch, Wolfgang Völz und Joel Fabiani zählten zu den Gästen. Luise Händlmaier genoss die Atmosphäre und der Clown Charlie Rivel hinterließ hier seine Autogrammkarte.

Das Tolle, was ich am Ratskeller finde ist, dass ihm eine eigene Metzgerei und Landwirtschaft angehört. Sodass man hauptsächlich regionale Speisen erhält. Des Weiteren bietet Ihnen der Ratskeller verschiedene Events an, diese gehen von der Bierverkostung (5,50 € pro Person) zum Krimidinner (ab 69,00 € pro Person), Diner in the dark (5-Gang-Menü inkl. Aperitif und begleitenden Getränken (69,- € pro Person) und Ritteressen (ca. 3,5 Stunden, 89,00 € pro Person) bis hin zur Wurst Schule (59,00 € pro Person). In der Wurst Schule stellen Sie unter anderem Weißwürste selbst her.

Mein persönlicher Favorit ist das Ritteressen. Hier lädt Sie der Burggraf Heinrich höchst persönlich zu seinem Fest ein.

Hintergrund ist folgendes Zitat:

„Sein Mündel, die schöne Katharina, soll den Mann fürs Leben finden! Mancher Ritter ist diesem Ruf gefolgt, doch schon bald entpuppen sich die vermeintlichen Helden als Albtraum jeder Schwiegermutter..."

Die Darsteller versetzen Sie mit einer geschmackvollen Portion Comedy zurück in die Zeit des Mittelalters. Dazu können Sie ein umfangreiches Mahl im Saal des einst berühmten Ritters Dollinger genießen!

REGENSBURGER WEISSBRÄUHAUS - ANNO 1620

Im Weissbräuhaus können Sie vor allem die bayerische Lebenskultur und Tradition erleben. Hier sehen Sie wie noch heute - direkt vor Ihren Augen - im hauseigenen Kupferkessel helles und dunkles Weißbier gebraut wird und können dieses mit der gutbürgerlichen bayerischen Küche genießen.

Im Weissbräuhaus können Sie tiefe Eindrücke in die handwerkliche Braukunst gewinnen. Sie können bei dieser Veranstaltung, die 4 hausgebrauten Biere direkt am Braukessel kosten und sich mit einem herzhaften „Mag´ntratzerl"(hausgemachter Obazda, Griebenschmalz und Kräuterquark mit einem selbst gebackenen Malzbrot) stärken.

Die Führung kostet für 2-10 Personen (pauschal) 145,00 €, jede weitere Person 14,50 € (Teilnehmerzahl max. 25 Personen) und dauert etwa 45-60 Min.

Hinweis: Der „Bierbrauer Streich" können Sie für die Zeiten 10:00 Uhr - 11:30 Uhr und 14:00 - 18:00 Uhr buchen. Wenn Sie diesen erleben wollen, sollten Sie ihn vorher unbedingt reservieren.

HAUS HEUPORT

Das Haus Heuport befindet sich buchstäblich Auge in Auge mit dem Dom St. Peter. Dieses Restaurant mit herrlichem Ausblick auf den Dom befindet sich in einem historischen Patrizierhaus. Die dazugehörige Terrasse liegt so wunderbar, dass Sie hier im Schatten des Doms St. Peter ihre Pause verbringen können.

Hier erhalten Sie leckere bayerische sowie euroasiatische als auch mediterrane Spezialitäten.

BRAUEREIGASTSTÄTTE KNEITINGER

Die Brauereigaststätte "Kneitinger" zählt als die Kultstätte unter den Traditionshäusern in Regensburg, denn hier verbindet das Bier Nationalitäten und Generationen. Ganz nebenbei sorgen Bayerische Schmankerl und der sehr beliebte Bock für eine wunderbare Stimmung. Bei den Regensburgern wird "Der Kneitinger" liebevoll "Das Mutterhaus" genannt.

BARBAROSSA CAFÉ & RESTAURANT (DER KLEINE RINALDI)

Das Barbarossa Café und Restaurant befindet sich am St.-Georgen-Platz 8 in Regensburg. Es liegt in der Nähe der Sehenswürdigkeit Porta Praetoria und ist ein Geheimtipp für Sie. In diesem kleinen, geschmackvoll eingerichteten Café erhalten Sie hier unter anderem einen Spitzenkaffee wie vom Italiener und ein Frühstück, dass zum Genießen und Träumen einlädt.

GASTSTÄTTE QUETSCHN

Die Gaststätte Quetschn, welche Sie im Erdinger Weißbräu am Schwanenplatz finden können, ist seit 12 Jahren ein zünftiges und rustikales Lokal auf gotischen Mauern, in dem noch eine Wohlfühl-Atmosphäre herrscht. Hier werden zum Fassbier, Schweinebraten und Knödel serviert.

Empfehlenswerte Unterkünfte

In Regensburg finden Sie mit Sicherheit, die für Sie passende Unterkunft. Ihren Urlaub können Sie in von familiär geführten Pensionen über wunderschöne Hotels der verschiedensten Kategorien bis hin zu gemütlichen Ferienwohnungen verbringen. Wenn Sie ohne Reservierung in Regensburg ankommen, besuchen Sie das Tourist-Informationsbüro am Rathausplatz. Die Mitarbeiter geben Ihnen gerne eine kostenlose Broschüre zur Unterkunft in Regensburg oder helfen Ihnen bei der Zimmersuche.

In diesem Kapitel möchte ich Ihnen einige Unterkünfte, welche meist in oder in Laufnähe zur Altstadt liegen, vorstellen und empfehlen.

HOTEL JAKOB

Das Hotel Jakob finden Sie in der Jakobstraße 14. Es liegt nur 1,5 km vom Hauptbahnhof, 500 m von der Donau und 10 Gehminuten vom Dom St. Peter entfernt.

In allen Zimmern des Hotels empfängt Sie eine Einrichtung im modernen Stil. Die weitere Ausstattung beinhaltet Kabel-TV, einen Sitzbereich sowie ein eigenes Bad mit einer Dusche. Als kleines Willkommensgeschenk erhalten Sie bei der Anreise eine kostenfreie Flasche Wasser sowie einen kostenfreien Stadtführer für Regensburg.

EUROSTARS PARK HOTEL MAXIMILIAN

Das Hotel finden Sie in der Nähe des Regensburger Bahnhofs, Maximilianstraße 28. Es ist ein palastartiges Gebäude aus dem 19. Jahrhundert mit Blick auf den Park zwischen Bahnhof und Altstadt. Die Gegend ist sehr gut zu Fuß zu erkunden und liegt in der Nähe des Historischen Museums.

SORAT INSEL-HOTEL REGENSBURG

Das Sorat Insel-Hotel liegt im Stadtzentrum, Müllerstraße 7 und gleichzeitig am Fluss mit Blick auf die Steinbrücke und die Altstadt. Dieses Hotel liegt zentral, aber trotzdem ruhig. Jedes der 75 Zimmer verfügt neben WLAN-Internetzugang (kostenlos) auch über eine Minibar und einen Flachbildfernseher mit Satellitenempfang.

STAR INN HOTEL

Das Star Inn Hotel finden Sie in der Nähe des Regensburger Hauptbahnhofs, Bahnhofstraße 22, welchen Sie zu Fuß in ungefähr 20 Minuten erreichen können. Jedes Zimmer im Hotel ist mit einem Kühlschrank, einem Schreibtisch, einem Telefon Kabel-/Satellitenfernsehen sowie einer Dusche ausgestattet.

Ich finde, dass dieses Hotel der perfekte Ausgangspunkt für Ihren Besuch der vielen Sehenswürdigkeiten von Regensburg ist. Zum Beispiel können Sie von hier aus das Historische Museum, das Kloster Sankt Emmeram, den Regensburger Dom sowie die Steinerne Brücke bequem zu Fuß zu erreichen.

HOTEL MÜNCHNER HOF UND BLAUER TURM

Das Hotel in der Tändlergasse 9 finden Sie in einer engen, mittelalterlichen Straße. Zum Neupfarrplatz (wo der größte Regensburger Weihnachtsmarkt stattfindet) haben Sie nur wenige Meter.

GÄSTEHAUS BISCHOFSHOF BRAUSTUBEN

Die Bischofshof Braustuben ist in der Dechbettener Straße 50. Von hier erreichen Sie sehr gut die meisten Sehenswürdigkeiten von Regensburg. Die Innenstadt oder die Universität sind in wenigen Minuten Autofahrt erreichbar.

Die Unterkunft verfügt über ein eigenes Schwimmbad und eine Bowlinganlage. Die Zimmer in diesem Gästehaus haben ein eigenes Badezimmer, kabellosen Internetzugang, einen Schreibtisch und ein Telefon.

BRAUEREIGASTSTÄTTE SPITALGARTEN

Das St. Katharinenspital und der Spitalgarten sind untrennbar mit dem Dom sowie mit der Steinernen Brücke verbunden. Die Brauereigaststätte finden Sie am St. Katharinenplatz 1. Die neun Zimmer sind mit bodentiefer Dusche, WC, Schminkspiegel, Haartrockner und Flachbildfernseher ausgestattet. Das Gästehaus befindet sich direkt gegenüber der Steinernen Brücke vom Stadtzentrum aus, und alle

Zimmer haben einen wunderschönen Blick auf den Fluss.

ALTSTADTINSEL-REGENSBURG

Die Altstadtinsel befindet sich am Schwanenplatz 2 und ist einer der besten Ausgangspunkte für Ihren Besuch von Sehenswürdigkeiten in Regensburg. In der Altstadtinsel stehen Ihnen komfortable Apartments zur Verfügung, welche so gestaltet sind, dass Ihre Bedürfnisse an eine Unterkunft mit Sicherheit erfüllt werden.

Die Altstadtinsel befindet sich direkt im Herzen des Vergnügungsviertels von Regensburg. Deshalb sollten Sie beachten, dass es hier, gerade an den Wochenenden, etwas lauter sein könnte, da sich Restaurants, Cafés und ein lebendiges Nachtleben gleich vor der Tür befinden.

APARTMENT SUNSHINE

Diese Unterkunft finden Sie in der Freiherr-vom-Stein-Straße 4, welche sich etwas außerhalb vom Stadtzentrum befindet. In jedem einzelnen dieser komfortablen Apartments, welche so ausgestattet sind, dass sie mit Sicherheit Ihre Bedürfnisse erfüllen, steht Ihnen gratis W-LAN zur Verfügung.

FERIENWOHNUNG TRAUBENGASSE 6

Die Ferienwohnung in der Traubengasse 6 liegt nördlich von der Innenstadt und nur wenige Gehminuten von der Donau entfernt Die Ferienwohnung bietet Ihnen ein Wohnzimmer mit Kabel-TV, ein eigenes Bad mit einer Dusche sowie eine komplett ausgestattete Küche mit einer Kaffeemaschine und einer Mikrowelle. Des Weiteren stehen Ihnen Privatparkplätze an der Unterkunft kostenfrei zur Verfügung.

JUGENDHERBERGE REGENSBURG

Diese Jugendherberge, die erste Kultur/Jugendherberge der Welt, liegt zwischen Donau und Regen auf einer Insel, Wöhrdstraße 60, verfügt über 186 Betten in 44 Zimmern. In der Jugendherberge stehen Ihnen kleine Schlafsäle, Einzel-, Doppel-, Dreibett- und Vierbettzimmern mit privaten Duschen und WCs zur Verfügung.

AZUR CAMPING REGENSBURG

Dieser Campingplatz ist ein familienfreundlicher Campingplatz, welcher etwa 2 km vom Stadtzentrum entfernt am Ufer der Donau liegt. Ein schöner Radweg führt Sie von hier zur Altstadt. Als Highlight befindet sich in der Nähe das Westbad mit Wellenbad.

Kultur in Regensburg

Um bei Ihrem Regensburg Besuch eine ideale Ergänzung zur Vielfalt der historischen Sehenswürdigkeiten zu erhalten, sollten Sie auf keinen Fall Ihre kulturellen Aktivitäten zu kurz kommen lassen. Die Stadt Regensburg bietet das ganze Jahr hindurch kulturelle Veranstaltungen. Das Angebot reicht von Theatervorführungen und Ausstellungen bis hin zu Konzerten, traditionellen bayerischen Festen oder sogar kunstvoll in Szene gesetzte Führungen. Kultur ist in Regensburg nicht nur ein Wort, sondern lebendige Lebenslust!

HISTORISCHES MUSEUM

Das Historische Museum wurde im Jahr 1931 gegründet, wobei der Gebäudekomplex an sich aus dem 13. Jahrhundert stammt. Ursprünglich war dieses Gebäude ein Minoritenkloster mit dem Namen St. Salvator. Heute können Sie in 3 Abteilungen, von der Steinzeit bis zur Neuzeit, Einblicke in die Vergangenheit erhalten und die Regensburger und Ost bayerische Geschichte erkunden.

TURMTHEATER

Ein Theaterbesuch sollte, meiner Meinung nach, bei keinem Städtetrip fehlen. Hier in Regensburg können Sie über den Dächern der Altstadt eine Aufführung besuchen, denn das Theater befindet sich im 6. Stock, im Turm des historischen Goliath Hauses. Hier können Sie Komödien, Kabarett, Improvisationstheater und Performances erleben. Ich bin mir sicher, dass hier auch für Sie das passende Theaterstück dabei ist!

VOLKSFESTE

Wenn Sie bei Ihrem Regensburg-Besuch auch die Menschen kennenlernen möchten, sollten Sie unbedingt eines der sehr beliebten Volksfeste besuchen. Die Regensburger Dult, welche zwei mal jährlich stattfindet, ist eine bunte Mischung aus Fahrgeschäften und Warendult.

Diese finden in der Regel fast immer zum gleichen Zeitpunkt statt. Um einen Anhaltspunkt zu haben, zeige ich Ihnen hier die Termine für das Jahr 2019 auf. Die Maidult findet vom 10. Mai bis zum 26. Mai 2019 statt und die Herbstdult vom 23. August bis zum 8. September 2019

BAYERISCHE JAZZWEEKEND

Regensburg lädt jedes Jahr seine Bürger und Gäste zum bayerischen Jazzweekend ein. Wenn Sie in der Zeit vom 18. bis 21.07.2019 Regensburg besuchen, werden Sie mit Sicherheit von der Einzigartigkeit,

Authentizität und besonderen Atmosphäre mitgerissen. Es erwarten Sie mehr als 90 Ensembles auf einem Dutzend Bühnen in der Regensburger Altstadt.

WEIHNACHTSMÄRKTE

Zu Beginn der Adventszeit können Sie in Regensburg gleich vier Weihnachtsmärkte besuchen. Glühwein und kulinarische Spezialitäten sowie die einmalige Atmosphäre werden Ihren Besuch zu einem stimmungsvollen vorweihnachtlichen Abenteuer machen.

Romantischer Weihnachtsmarkt auf Schloss Thurn und Taxis
Den wunderschönen fürstlichen Weihnachtsmarkt können Sie in der Zeit vom 22.11. bis 23.12.2019 bestaunen. Abgerundet wird der Markt durch die malerisch schöne Kulisse des altehrwürdigen Adelssitzes. Für mich zählt dieser Markt, auch wenn man hier für den Besuch Eintritt bezahlen muss, zu einem der schönsten Weihnachtsmärkte in Deutschland.

Schon alleine die romantische Stimmung, welche der Innenhof durch Hunderte von Kerzen, Fackeln, Laternen und Lichtern verbreitet, ist einmalig.

Traditionelle Handwerker präsentieren ihre handwerklichen Waren und Unikate. Abgerundet wird dieser Markt durch sein kulinarisches Angebot, wie zum Beispiel altbayerische Spezialitäten - vom „Wildschwein am Spieß" bis zur „Altoberpfälzer Weihnachtszwiebel und durch die Konzerte von international bekannten Orchestern und Chören. Ab und zu singt selbst die Fürstin von Thurn und Taxis von ihrem Balkon rockige Weihnachtssongs in den Markt hinunter.

Christkindlmarkt am Neupfarrplatz

Der Regensburger Christkindlmarkt am Neupfarrplatz ist nicht weit vom Dom St. Peter entfernt. Diesen bekannten Weihnachtsmarkt gibt es in Regensburg schon seit über 200 Jahren. Ich finde, wenn Sie Regensburg in der Adventszeit besuchen, sollten Sie diesen Weihnachtsmarkt auf alle Fälle besucht haben!

Lucrezia-Markt am Haidplatz und Kohlenmarkt

Den Lucrezia Markt finden Sie im Herzen der Altstadt. Er ist umgeben von mittelalterlichen Patrizierhäusern mit ihren hohen Türmen. Die kleinen Stände des Weihnachtsmarkts erinnern an einen mittelalterlichen Markt. Des Weiteren können Sie eine kleine Kunstausstellung im angrenzenden Thon-Dittmer-Palais besichtigen. Dieser Weihnachtsmarkt ist ein Markt mit einer besonderen Atmosphäre und wenig Trubel.

Adventsmarkt im Katharinenspital
Den Adventsmarkt im Katharinenspital finden Sie, wenn Sie die Steinerne Brücke überquert haben, am anderen Donauufer von Regensburg. Da dieser Adventsmarkt relativ klein ist, kann es hier ganz schön eng werden. Belohnt wird man jedoch mit dem besten Blick auf die Regensburger Altstadt. Wenn Sie sich gerne von kulinarischen Köstlichkeiten begeistern lassen, kommen Sie hier auf alle Fälle voll auf Ihre Kosten. Es gibt hier unter anderem: Spital-Glühbier, Wild- und Lammgerichte, Suppen, aber auch Falafel, Dampfnudel und Bratapfel-Glühwein.

Rund um Regensburg

Die Umgebung und Landschaft von Regensburg ist sehr abwechslungsreich, aber genauso vielfältig sind auch die Sehenswürdigkeiten. Nicht nur, dass Könige Ihre monumentalen Bauwerke hinterließen oder die Kirche die Gegend mit bedeutenden Klöstern geprägt hat. Nein, denn auch kreative Bürger erschufen wunderschöne Museen und große buddhistische Tempelanlagen. Die hier von mir beschriebenen Sehenswürdigkeiten (ein kleiner Teil) liegen alle in einem Umkreis von etwa 40 km um Regensburg und sind in der Regel durch eine hervorragende Verkehrsanbindung sehr gut zu erreichen.

HUNDERTWASSER TURM ABENSBERG

In Abensberg können Sie das wahrscheinlich letzte Bauwerk von dem berühmten Künstler Friedensreich Hundertwasser (1928 – 2000) aus Österreich besichtigen. Dieser 35 m hohe Turm mit seiner goldenen, glänzenden Kuppel hätte eigentlich 70 m hoch werden sollen, musste aber kleiner werden, denn in Bayern ist es vorgeschrieben, dass kein Turm den Kirchturm überragen darf.

Wenn Sie sich für eine Brauereiführung entscheiden, wird Ihnen nicht nur die Braukunst näher gebracht, sondern Sie erhalten dazu noch Einblicke in das Leben der sagenumwobenen Weißbierzwerge (Märchen der sieben Weißbierzwerge von Leonard Salleck). Friedensreich Hundertwasser entwarf diesen Turm eigens als Wohnort für die Weißbierzwerge. Natürlich beinhaltet die Führung auch die Besteigung des Hundertwasser Turms. Hierbei müssen Sie einige Stufen zurücklegen, um die Aussicht und den weiten Blick in die Hallertau bewundern zu können. Am Ende jeder Führung erhalten Sie eine Bierverkostung.

Die ca. 2 Stunden lange Führung inkl. Verkostung, muss min. 3 Tage vorab gebucht werden. Haustiere dürfen aus hygienischen Gründen nicht mit in die Brauerei genommen werden!

Tipp: Ein Besuch des sich am Fuß des Turms befindlichen, wunderschönen und bunten Biergartens gibt diesem Ausflug den krönenden Abschluss! Oder Sie statten dem, in direkter Nachbarschaft liegenden, Kunsthaus mit seinem schiefen Turm einen Besuch ab.

GEISTERBURG (BURGRUINE) STOCKENFELS

Auch heute noch ranken sich um die Burgruine viele Geistergeschichten, z.B. berichteten Richardi und Haase vom Raubritter Kunz Schott, der einst angeblich Besitzer der Burg war. Auch wird erzählt, Zitat: Dass der letzte Bewohner von Stockenfels ein Geisteskranker gewesen sein soll, welcher vorbeikommende Wanderer mit Steinen bewarf. Die Einheimische sind sich einig, dass der Ort eine "Deponie" für die von Geisterbannern eingefangenen Plagegeister sei. Die Burgruine, welche vermutlich um 1300 erbaut wurde, wird auch heute noch gerne „Bierpanscher-Walhalla" genannt. Warum?

„Der Sage nach büßen hier Nacht für Nacht ungetreue Kellnerinnen, Schankkellner, Wirte und Wirtinnen, die gepanscht, schlecht eingeschenkt oder sonst wie ihre vertrauensvollen Gäste betrogen haben".

Die Burgruine liegt etwas versteckt mitten im Wald und befindet sich heute in Privatbesitz. Für Führungen wird sie regelmäßig geöffnet. Ein Kastellan in historischer Kleidung führt Sie durch die Burgruine.

Die Burgruine Stockenfels liegt zwischen Maxhütte/Haidhof und Nittenau. Ich empfehle Ihnen, bis zu Gaststätte Marienthal zu fahren und dort zu parken. Gegenüber der Gaststätte befindet sich eine kleine Fähre. Der Fährmann bringt Sie ganz bequem über den Regen und Sie können dann dem ausgeschilderten ca. 20 minütigen Wanderweg zur Ruine folgen.

WALHALLA DIE BEFREIUNGSHALLE IN KELHEIM

Wenn Sie Ihren Regensburg-Trip planen, sollten Sie genügend Zeit mit einplanen, um auch die wunderbaren Sehenswürdigkeiten in der Umgebung von der Stadt Regensburg besichtigen zu können.

Ich möchte Ihnen empfehlen, bei Ihrer Tour auf jeden Fall die Besichtigung der Befreiungshalle in Kelheim einzuplanen, welche direkt am malerischen Donaudurchbruch liegt. Diesen Bau beauftragte im Jahr 1842 König Ludwig I von Bayern. Mit der Befreiungshalle wollte er ein ewiges Andenken an die Siege während der Befreiungskriege in der Zeit von 1813 bis 1815 gegen Napoleon erschaffen. Was ihm, meiner Meinung nach, auf jeden Fall gelungen ist!

Hoheitsvoll steht die Befreiungshalle mit ihren 45 Meter Höhe und einem Durchmesser von 49 Metern auf dem Michelsberg. Rund um die Befreiungshalle finden Sie auf einem Marmorsockel stehend die 34 Siegesgöttinnen, welche aus weißem Carrara Marmor gemeißelt wurden. Hier finden keine Führungen statt, aber Sie können sich gegen eine Leihgebühr eine Audioguide in den Sprachen Deutsch und Englisch ausleihen. Die Befreiungshalle hat in den Monaten April bis Oktober täglich von 9:00 Uhr bis 18:00 Uhr sowie in den Monaten November bis März täglich von 10:00 Uhr bis 16:00 Uhr geöffnet.

Erreichen können Sie die Befreiungshalle bequem per Schiff oder mit dem PKW. Von der Schiffsanlegestelle in Kelheim ist die Befreiungshalle gut zu Fuß zu erreichen. Für die Besucher, welche mit dem Auto anreisen, stehen hier kostenpflichtige Parkplätze zur Verfügung.

BURG PRUNN IM ALTMÜHLTAL

Stolz liegt Burg Prunn in über 70 Metern über dem wunderschönen Altmühltal. Diese sehr gut erhaltene Anlage vermittelt Ihnen heute noch das Leben des Mittelalters. Sie können die Burg Prunn nur mit einer Führung besichtigen, welche etwa 45 Minuten dauert und immer zur vollen Stunde stattfindet. Die Burg kann täglich, außer montags, in den Monaten April bis Oktober von 9:00 Uhr bis 18:00 Uhr und von November bis März von 10:00 Uhr bis 16:00 Uhr besichtigt werden.

Tipp: Wenn Sie die Befreiungshalle und die Burg Prunn besichtigen wollen, empfehle ich Ihnen den Kauf eines Kombitickets.

TROPFSTEINHÖHLE SCHULERLOCH

Vor etwa 60000 Jahren bewohnten in den Wintermonaten die Neandertaler die Tropfsteinhöhle Schulerloch. Sehr viele Jahre später nutzten Freimaurer sie als Tempel der Natur. Diese Tropfsteinhöhle ist allein schon durch ihr Wasserbecken (Becher Stalagmit) einzigartig auf der Welt.

Genau wie die Burg Prunn befindet sich die Tropfsteinhöhle Schulerloch im wunderschönen Altmühltal. Vom kostenfreien Parkplatz führt Sie ein etwa 15 minütiger Aufstieg zur Tropfsteinhöhle. Während einer 20-30 Minuten langen Führung besuchen Sie unter anderem den größten Raum (ca. 793 m^2) der Höhle. Beendet wird die Führung mit einer sehr beeindruckenden Musik-/Lichtshow.

Tipp: Bei einem Besuch der Tropfsteinhöhle sollten Sie sich auf alle Fälle warm anziehen, da die Temperatur in der Höhle, auch im Sommer, 9°C nicht übersteigt. Die Tropfsteinhöhle ist von Anfang November bis März geschlossen.

KLOSTER WELTENBURG

Nachdem Sie sich nach Ihrem Besuch der Befreiungshalle schon in der Nähe von Kelheim befinden liegt es sehr nahe, auch das bekannte Kloster Weltenburg, noch heute leben hier etwa 14 Mönche, zu besuchen. Das wunderschöne Kloster Weltenburg wurde im Jahr 617 von iroschottischen Mönchen gegründet.

Im Jahr 1050 wurde die vielerorts bekannte Klosterbrauerei Weltenburg gegründet und sie ist die älteste Klosterbrauerei der Welt. Hier wird auch heute noch nach dem bayerischen Reinheitsgebot das leckere Bier gebraut. Dieses sollten Sie bei Ihrem Besuch in der Klosterschänke oder bei schönem Wetter im Biergarten auf alle Fälle kosten!

Das Kloster können Sie per Auto, Bus oder Schiff erreichen. Hier sollten Sie jedoch einen Fußweg von/zum Park-/Busparkplatz (von Mai - September steht ein Shuttlebus zur Verfügung) bzw. der Schiffsanlegestelle von etwa 10 Minuten einkalkulieren. Zu beachten wäre noch, dass man mit dem PKW nicht zum Kloster durchfahren kann. Es steht ein gebührenpflichtiger Parkplatz zur Verfügung!

Sie als Besucher des Klosters können hier an verschiedenen, sehr interessanten Führungen teilnehmen:

Besucherzentrum im historischen Felsenkeller

Das Kloster Weltenburg verfügt über ein Besucherzentrum im historischen Felsenkeller, welches für Sie in den Monaten März bis November täglich von 10:00 Uhr bis 18:00 Uhr geöffnet hat (Ausnahme: Karfreitag). Das Besucherzentrum können Sie für einen Preis von 2,50 € für Erwachsene und 1,50 € für Kinder, Auszubildende und Studenten besichtigen.

Klosterbrauerei

Diese Führungen finden von April bis Oktober, immer Samstag und Sonntag um 11:00, 12:30, 14:00 und 15:30 Uhr statt.

Kirchenführung in der Abteikirche St. Georg

Diese Führung muss etwa 10 Tage vor der gewünschten Besichtigung gebucht werden. Die 30-

minütige Besichtigung kostet 3,00 € für Erwachsene und 1,50 € für Kinder und findet täglich, außer am Karfreitag und Karsamstag, zu den Zeiten von 9:00 bis 11:00 Uhr, 12:30 bis 16:30 Uhr sowie sonn- und feiertags um 12:30 Uhr und 16:30 Uhr statt.

FELSENKELLER IN SCHWANDORF

Die Felsenkeller in Schwandorf sind ein Insidertipp für Sie. Die ersten Keller wurden im 15. Jahrhundert errichtet und wegen ihrer immer gleichbleibenden Temperatur (ca.8° C) für die Herstellung von untergärigem Bier gebaut. Später benutzten die Eigentümer diese Felsenkeller als Kühlschrank.

Und zu guter Letzt wurden die Keller im Zweiten Weltkrieg als Luftschutzkeller ausgebaut. In diesen Kellern fanden 1945 ca. 6000 Menschen während eines Luftangriffes Schutz. Heutzutage können die Felsenkeller bei einer 1,5 Stündigen Führung besichtigt werden.

Tipp: Da in den Kellern nur eine Temperatur von 8° C herrscht, empfehle ich Ihnen bei der Besichtigung festes Schuhwerk und warme Kleidung.

RÖMERKASTELL ABUSINA BEI EINING

Zu einer Zeitreise in die Vergangenheit, lädt Sie das römische Kastell Abusina bei Eining ein. Bei dieser Zeitreise gehen Sie etwa 2000 Jahre in die Vergangenheit und erhalten dabei ein sehr anschauliches und lebendiges Bild von der Geschichte, Kultur und Lebensart dieser Epoche.

SCHLOSS UND KIRCHE IN RAMSPAU

Das wunderschöne Schloss Ramspau finden Sie im gleichnamigen Ortsteil des Marktes Regenstauf Ramspau. Das barocke Landschloss mit seinem beeindruckenden Schlossgarten liegt sehr idyllisch am westlichen Ufer des Regens. Dieses schon weithin sichtbare Schloss mit seinen vier Zwiebeltürmen und der Kirche geben dem ganzen Ort ein romantisches Bild. Hier befindet sich unter anderem die sehr beliebte Ausflugsgaststätte Ramspauer Hof mit einem herrlichen Biergarten.

BESUCHERSTEINBRUCH IM ALTMÜHLTAL

Wenn Sie die Gegend um Regensburg erkunden, vergessen Sie auf keinen Fall einen Ausflug in das wunderschöne Altmühltal zu unternehmen. Hier können Sie nach einem Spaziergang unter anderem den Besuchersteinbruch (91804 Mörnsheim) besuchen und Fossilien sammeln. Dazu muss man wissen, dass vor etwa 150 Millionen Jahren das Altmühltal eine Meerlandschaft war. Ich weiß, dass man sich das, wenn man diese wundervolle Landschaft einmal gesehen hat, kaum vorstellen kann.

Das Jurameer verschwand aus bis heute unerklärlichen Gründen im Laufe der Jahrhunderte und die Lebewesen starben. Dabei entstanden aus den Korallenriffen Felsen und Kalkstein, wobei in ihrem Inneren die versteinerten Lebewesen (Fossilien) bis heute erhalten blieben.Der Besuchersteinbruch hat in der Zeit von 30. März bis 03. November täglich von 10:00 Uhr bis 16:00 Uhr geöffnet.Der Eintritt beträgt für Erwachsene 7,00 €, für Kinder: 4,00 € und für Familien (2 Erwachsene, 2 Kinder bis 16 Jahre) 12,00 €.

Sie können sich Hammer und Meißel für eine kleine Gebühr in Höhe von jeweils 0,50 € (Schaufeln kostenlos) ausleihen.Im Besuchersteinbruch finden 3 mal jährlich geführte Steinbruch-Wanderungen statt. Termine und Preise für diese Wanderungen erfahren Sie vor Ort.

Aktivitäten in Regensburg

In und um Regensburg können Sie jede Menge Aktivitäten ausüben. Von traumhaften Radwegen, schöne Wandertouren bis hin zu Zoobesuchen oder zahlreichen Bademöglichkeiten lassen Sie den Alltag schnell vergessen. Vergessen Sie nicht, Regensburg ist nicht nur bekannt für seine Kultur, sondern auch für die traumhafte Lage!

WESTBAD

Das Westbad gilt als eines der beliebtesten Freizeit-
bäder in Deutschland. Dieses Bad hat jährlich über
eine halbe Million Menschen, die hier Entspannung,
Wellness, Fitness, Saunavergnügen und Badespaß
suchen und finden. In diesem Bad hat mit Sicherheit
jeder eine Menge Spaß, denn es finden sich hier viele
Attraktionen für Klein und Groß, z.B. Wellenbecken,
Riesenrutschen, Warm Innenbecken, Warm Außen-
becken, Sprungturm, Planschbecken und vieles
mehr. Für die Entspannung und Ihr Wohlbefinden
sorgt der Wellnessbereich mit seinen Angeboten
vom Saunaparadies und Kneipp Kur bis hin zum
Kosmetikstudio und Therapiezentrum.

BOULDERWELT REGENSBURG

Wenn Sie bei Ihrem Regensburg-Besuch auch mal
vom schlechten Wetter heimgesucht werden,
kommt mit Sicherheit keine Langeweile auf. Denn
abseits von Museumsbesichtigungen und Einkaufs-
bummeln können Sie einen Regentag auch hier in
der Boulderwelt verbringen. Hier werden Sie mit Sicherheit Ihren Spaß haben und zwar unabhängig

davon, ob Sie zu den Anfängern, Freizeitkletterern oder Cracks der Szene gehören. Für Kinder und Familien finden Sie hier einen separaten Kinderbereich, in dem die Kleinen nach Lust und Laune toben können. Und im gemütlichen Café können Sie nach Herzenslust schlemmen!

Die Boulderwelt hat täglich ab 10:00 Uhr geöffnet und kostet pro Person 10,90 € (ermäßigt: 9,90 €, Kinder 5,90 €).

Hinweis: Kletterschuhe können gegen eine Gebühr für 4,00 € Erwachsene und 3,50 € Kind (unter 14 Jahre) ausgeliehen werden.

WALDERLEBNISZENTRUM REGENSBURG

Das Walderlebniszentrum, welches sich in der Nähe von Sinzing befindet, besticht schon alleine durch sein kreisrundes Gebäude, welches die Form einer Baumscheibe hat. Das Gebäude wurde aus heimischem Holz gebaut und dient als Startpunkt für verschiedene Veranstaltungen. Unter dem Motto, Zitat: „Natur entdecken – Wald erleben – Forstwirtschaft verstehen" können hier Kinder zum Beispiel an

Aktionen wie „Landart" oder „Waldarbeit für Kinder" oder an verschiedenen Führungen mit Themen je nach Jahreszeit und interessanten Wanderungen in Begleitung eines Försters teilnehmen.

SEGWAY TOUR REGENSBURG ODER UMGEBUNG

Entdecken Sie doch einmal Regensburg auf eine völlig andere Weise. Warum nicht mit einem Segway? Diese Führung gehört zur exklusivsten Stadtführung in Regensburg! Sie starten am Regensburger Dom und von dort fahren Sie mit einem professionellen Guide zu den bekanntesten Sehenswürdigkeiten der Stadt. Die Tour dauert etwa 1 Stunde und kostet pro Person (ab 14 Jahren) 75,00 €.

Tipp: Hier haben Sie außerdem die Möglichkeit mit dem Segway eine Donautour oder Walhalla Tour zu unternehmen!

BOOTSWANDERN RUND UM REGENSBURG

Ihren Besuch in Regensburg können Sie mit einer Bootswanderung abrunden. Ich finde, dass eine solche Wanderung eine ideale Mischung aus Abenteuer, Natur und Erholung ist und kann Ihnen diese nahelegen. Sie werden mit Sicherheit in der Umgebung von Regensburg die Gelegenheit finden, verschiedene Möglichkeiten einer Bootswanderung erleben zu können.

In der Regel bieten Ihnen die meisten Bootsverleiher einen guten Shuttle-Service an, dadurch können sie z.B. ganz locker und entspannt flussabwärts fahren und müssen danach nicht mühevoll zum Anfang ihrer Bootswanderung zurück. Sie erhalten eine kurze Einweisung durch den Verleiher, z.B. über die zu beachtenden Besonderheiten Ihrer gewählten Bootstour und dann steht Ihrem Bootsausflug nichts mehr im Wege.

Ich persönlich bin der Meinung, dass es vollkommen egal ist, ob Sie eine Halbtages- oder Tagestour unternehmen möchten, ob Sie sportlich oder lieber gemütlich unterwegs sein wollen. Ein Tag an einem Fluss ist mit Sicherheit immer ein Erlebnis und auf alle Fälle kein verschwendeter Tag!

SEGWAY BROTZEIT TOUR AM STEINBERGER SEE

Diese 13 km lange, ca. 90 minütige Tour, sollten Sie unbedingt erlebt haben! Nachdem Sie eine Einweisung zur Bedienung Ihres Segways erhalten haben, beginnt diese beliebte Segway Brotzeit Tour.

Die Tour führt über romantische Waldwege des ehemaligen Braunkohleabbaugebietes in Richtung Wackersdorf. Nach einem kurzen Stopp an der Gedenkstätte von „Alt- Wackersdorf", geht die Tour weiter nach Grafenricht und Heselbach.

Wenn Sie am Terziärwald angekommen sind, sollten Sie unbedingt die Zeit für schöne Erinnerungsfotos nutzen! Anschließend fahren Sie auf dem Radweg, vorbei am Knappensee und der Wakeboardanlage am Steinberger See zum „Oderwirt". In diesem urigen Gasthaus erwartet Sie eine wohlverdiente Brotzeit, welche extra von Ihnen bezahlt werden muss. Der Preis für diese Tour beträgt 49,00 €

pro Person! An diesen Touren können Personen ab 40 kg Körpergewicht teilnehmen.

Die Tour sollte vorab beim Anbieter (Segway Peter: 0177/3522629) gebucht werden!

WILD- UND FREIZEITPARK HÖLLOHE

Der Wild- und Freizeitpark Höllohe liegt vor den Toren von Teublitz und Sie können diesen großen Wildpark, ohne einen Eintritt bezahlen zu müssen, bis zum Beginn der Dunkelheit besuchen. Im Wildpark sind Rehe und Mufflon genauso zu finden wie Zwergziegen, Schafe und Hasen. Daneben laden viele verschiedene Vogelarten, z.B. vom Fasan, Storch, Pfau, Schleiereule bis hin zu Kanarienvogel, Zebrafink und Co. zum Schauen und Bestaunen ein.

Dazu werden Sie um den Höllohe Weiher einen Waldpflanzen-Lehrpfad mit heimischen Bäumen und Sträuchern finden, den Sie erkunden können. Um Ihren Besuch abzurunden, können Sie sich am Kiosk einen Kaffee kaufen, während sich Ihre Kinder am Waldspielplatz mit seinen zahlreichen

Spielgeräten austoben. Hunde dürfen angeleint in den Park mitgenommen werden.

FAMILY AKTIVPARK IN GRÜNTHAL - INDOORSPIELPLATZ BEI REGENSBURG

Es kann immer wieder vorkommen, dass Sie bei Ihrem Regensburg-Besuch vom schlechten Wetter heimgesucht werden. Damit es Ihren Kleinen dann nicht langweilig wird, können Sie den Family Aktivpark bei Regensburg, in der Brandlbergstraße 59, 93173 Wenzenbach besuchen. Dieser Indoor Spielplatz ist bei kleinen und etwas größeren Kindern sehr beliebt, da er viele verschiedene Attraktionen wie zum Beispiel eine Wellenrutsche, Riesen-Wabbelberg, Kinderkletterwand, Ball-Schießanlage, Trampoline, Tretfahrzeuge, Bällebad sowie ein Soccerfeld, Air-Hockey, Elektro-Kartbahn bietet.

Im Family Aktivpark finden auch immer wieder Sonderveranstaltungen wie zum Beispiel Kinderdisco oder Ferienaktionen statt. Während sich Ihre Kinder auspowern können Sie das Treiben vom Restaurant aus bei einem Kaffee beobachten. Der Family

Aktivpark hat außerhalb der Ferienzeit: Montag Ruhetag, Dienstag bis Donnerstag von 14:00 Uhr bis 19.00 Uhr, Freitag von 14:00 Uhr bis 20.00 Uhr und am Samstag sowie Sonntag von 10:00 Uhr bis 20:00 Uhr geöffnet.

Während der Ferien hat der Park von Montag bis Donnerstag von 10:00 Uhr bis 19:00 Uhr, Freitag 10:00 Uhr bis 20:00 Uhr und am Samstag sowie Sonntag von 10:00 Uhr bis 20.00 Uhr geöffnet.

Hinweis: Wenn die Temperaturen im Sommer 25 Grad übersteigen, rufen Sie vor dem Besuch an, um sicher zu gehen, dass der Park geöffnet hat!

TIERPARK STRAUBING

Der Straubinger Tierpark ist der einzige Zoo in Ostbayern und ist eine wunderschöne Parkanlage mit sehr vielen schattenspendenden Bäumen. Der Tierpark beherbergt zur Zeit zirka 1.700 einheimische und exotische Tiere. Die Highlights sind unter anderem eine Großanlage für Affen, Bären, Raubkatzen, Pinguine und Tiger, Feuchtbiotop Danubium mit Fischotter, Biber und Pelikanen sowie ein Donauaquarium mit Fischen, Amphibien und Reptilien.

Des Weiteren können Sie ein Bauernhaus aus der Jungsteinzeit inklusive Ausstellung, das Bayerischer Wald Haus, den Streichelzoo sowie einen Abenteuerspielplatz und Kiosk besuchen.

FAMILIEN FREIZEITPARK IN LOIFLING BEI CHAM (CHURPFALZPARK)

Der Freizeitpark ist in Loifling in der Nähe von Cham. Hier kommen Kinder und Erwachsene voll auf ihre Kosten und können einen wunderschönen Tag verbringen. Der Freizeitpark besteht aus zwei Teilen. Zu einem Teil aus einem riesigen Garten Park (ca. 200.000 qm) mit schön angelegten Blumenbeeten und Brunnen. Hier können Sie Wasserspiele mit einer Wasserorgel und Fontänen bestaunen. Zum anderen Teil besteht der Park aus einem Freizeitparadies für Kinder. Hier bieten viele Fahrattraktionen Abwechslung wie zum Beispiel die Marienkäferbahn, die Blumengondelbahn, die Highspeed-Raftingbahn oder Wildwasserbahn, ein Riesenrad, ein Kettenkarussell und vieles mehr, Spaß für Groß und Klein. Zwischen den einzelnen Beeten und

Attraktionen befinden sich viele Grünflächen. Hier laden Sie Ruhebänke zum Entspannen und Ausruhen ein. Stärken können Sie sich am Kiosk oder im Restaurant mit Biergarten.

Der Churpfalzpark hat ab dem 13. April täglich (außer bei schlechter Witterung) von 9:00 Uhr bis 18:00 Uhr geöffnet. Der Fahrbetrieb beginnt um 10:00 Uhr und endet um 17:00 Uhr. Der Eintrittspreis beträgt für Erwachsene ab 16 Jahren 20,50 €, für Kinder von 3 bis 5 Jahren 16,50 €, für Kinder von 6 bis 15 Jahren 19,50 €, für Senioren ab 65 Jahren 18,00 €, für Menschen mit Behinderung ab 80% 12,00 € und für eine Familienkarte (2 Erwachsenen, 2 Kinder) 72,00 €.

Hinweis: Hunde bis 12 kg dürfen in der Tasche oder Box mit in den Park genommen werden. Des Weiteren können Hundebuggys im Park gegen eine kleine Gebühr von Ihnen ausgeliehen werden. Zum Gassigehen kann der Park so oft verlassen werden wie Sie möchten.

BALLONFAHRT MIT SKY ADVENTURE

Wer die Ruhe, die frische Luft und den wunderbaren Fernblick in alle Himmelsrichtungen genießen möchte, kann sich Regensburg und seine wundervolle Landschaft auch von oben anschauen. Eine Ballonfahrt über Regensburg lässt Ihr Herz mit Sicherheit höherschlagen.

Eine klassische Ballonfahrt dauert in etwa zwischen 60 und 90 Minuten und kostet Sie inkl. Rücktransport zum Ausgangspunkt ab 209,00 € pro Person.

An- und Abreise

Regensburg ist in etwa einer Stunde von Nürnberg und 1½ Stunden von München mit der Bahn zu erreichen. Regensburg befindet sich in direkter Verkehrsanbindung an die internationale Achse Amsterdam/Brüssel-Wien-Budapest sowie Zürich/Paris-Prag.

Mit dem Auto erreichen Sie Regensburg bequem über die Autobahn A3 (Köln-Frankfurt-Nürnberg-Regensburg-Passau-Wien) oder A93 (München-Regensburg-Hof-Dresden). Natürlich können Sie Regensburg auch über die gemütlichen und romantischen Bundestraßen B8, B15 und B16 erreichen. Der nächstgelegene Großflughafen in der Nähe von Regensburg ist der Flughafen München. Hier können Sie einen Flughafen-Shuttle nutzen, welcher Ihnen einen Haus-zu-Haus-Service zwischen Regensburg und MUC anbieten.

ÖFFENTLICHE VERKEHRSMITTEL

Zur Besichtigung der Stadt Regensburg benötigen Sie keinen Pkw. Sie kommen mit den öffentlichen Verkehrsmitteln in Regensburg schnell, komfortabel und zuverlässig zu Ihrem Wunschziel. Zudem kann es für Sie eine echte Herausforderung sein, in der Nähe der Altstadt einen Parkplatz zu finden. Deshalb empfehle ich Ihnen, auf die Angebote der öffentlichen Verkehrsmittel in Regensburg zurück zu greifen. Der Busverkehr in Regensburg, welcher in Kurzform RVV genannt wird, verkehrt von 5:00 Uhr morgens bis Mitternacht. Aber keine Angst, auch wenn Sie am Wochenende nachts in Regensburg unterwegs sind, müssen Sie nicht stundenlang nach Hause laufen. Denn in den Wochenendnächten fährt der Nachtbus in der Zeit von 0:30 Uhr bis etwa 4:30 Uhr morgens. Für Sie als Regensburg-Besucher hat sich

der Regensburger Verkehrsverbund eine sehr besu-
cherfreundliche Lösung einfallen lassen. Wenn Sie in
einem der unten genannten Parkhäuser/Parkplätze
parken, gelten die Parkscheine als Fahrkarte für bis
zu 5 Personen während Ihrer Parkdauer in der Regensburger Innenstadt Zone.

Für Sie als Regensburg Besucher möchte ich,
wenn Sie auch die Umgebung der wunderschönen
Stadt erkunden wollen, folgendes empfehlen: Der
RVV bietet Ihnen preisgünstige Tagestickets an. Mit
diesen können Sie wochentags ab 9:00 Uhr, am Wochenende und an den Feiertagen ganztags, Regensburg erkunden. Mit dieser Tageskarte können Sie an
einem Tag so oft Sie möchten den RVV nutzen und
dabei auch völlig entspannt die Stadt Regensburg inklusive ihrer vielen Sehenswürdigkeiten erkunden.
Dieses sehr beliebte Tagesticket können Sie im Vor-
verkauf und/oder im Bus erwerben.

Für weitere Tipps, Hinweise und Fragen steht
Ihnen das RVV - Kundenzentrum in der Hemauer-
straße 1 von Montag bis Freitag von 08:00 - 18:00
Uhr zur Verfügung.

PARKEN IN REGENSBURG

Da in Regensburg der größte Teil des Stadtzentrums eine Fußgängerzone mit eingeschränkter Zufahrt ist, möchte ich Ihnen hier einige Hinweise und Tipps zu den Parkmöglichkeiten geben.

Parkhaus am Dachauplatz
Das Parkhaus finden Sie in der Dr.-Martin-Luther-Straße 2. Das Parkhaus ist 24 Stunden für Sie geöffnet und gebührenpflichtig, zudem hat es eine Kapazität für 715 Pkws.

Parkhaus Regensburg Arcaden
Dieses Parkhaus finden Sie in der Friedenstraße 23. Dieses Parkhaus ist gebührenpflichtig, hat 1500 Stellplätze und 24 Stunden geöffnet. Hier können Sie 1 Stunde kostenlos parken.

Parkhaus Petersweg
Das Parkhaus befindet sich am St.-Peters-Weg 15. Es bietet Platz für 560 Pkws und zudem finden Sie im Erdgeschoss des Parkhauses eine Ladestation für zwei Elektrofahrzeuge. Das Parken in diesem Parkhaus ist gebührenpflichtig, wobei Sie auch hier eine Stunde kostenfrei Parken können.

Tiefgarage Hauptbahnhof / Castra Regina Center
Die Tiefgarage finden Sie in unmittelbarer Nähe des Hauptbahnhofs, in der Bahnhofstraße 24. Die Tiefgarage hat 24 Stunden geöffnet, ist gebührenpflichtig und bietet Platz für 399 Pkws.

Tiefgarage am Theater Bismarckplatz
Diese Tiefgarage finden Sie am Bismarckplatz 10. Zu Fuß von hier bis zum Dom St. Peter brauchen Sie ca. 10 Minuten. Die Tiefgarage hat für Sie 24 Stunden geöffnet, ist gebührenpflichtig und bietet Platz für 355 Pkws (keine Flüssiggas–Fahrzeuge). Die ersten 30 Minuten Parken Sie hier gebührenfrei.

Parkplatz P+R West
Diesen Parkplatz finden Sie am Kuglerplatz und wird vom ADAC empfohlen. Der Parkplatz hat für Sie täglich von 6.00 Uhr bis 22.00 Uhr (Ausfahrt bis 24.00 Uhr) geöffnet, ist gebührenpflichtig und bietet Platz für 334 Pkws. Da der Parkplatz etwas außerhalb von Regensburg liegt, fahren von hier alle 10 Minuten Busse in die Innenstadt und zurück.

FAHRRADVERLEIH

Das Bikehaus ist eines von vielen Geschäften, welche Fahrräder vermieten. Das Bikehaus finden Sie in der Bahnhofstraße 17 in direkter Nähe des Bahnhofs.

ANDERE TRANSPORTMITTEL

Ein Kanu können Sie sich bei der Firma Nautilus Kanu Outdoor in Niedertraubling, etwa 7 km südlich von Regensburg, ausleihen. Auch in Laaber, das wenige Kilometer nordwestlich von Regensburg liegt, können Sie sich ein Kanu mieten oder sogar eine Heißluftballonfahrt buchen.

Packliste

Geld & Finanzen

O (evtl.) Auslandswährung

O Bargeld

O Bauchtasche

O Brustbeutel

O Bauchtasche

O EC-Karte

O Kreditkarte

O Notfall-Telefonnummern der Banken

O Portmonee

Hygiene

O Haarbürste / Kamm

O Deo (klein)

O Shampoo

O Kulturtasche

O Sonnencreme

O Taschentücher

O Reise-Zahnbürste und Zahnpasta

O Verhütungsmittel

Kleidung

O Badeklamotten

O Gürtel

O Hosen kurz / lang

O Mütze / Cap / Hut

O Pullover

O Regenjacke

O Schlafanzug

O Socken

O Sonnenbrille

O Sportklamotten / Jogginghose

O T-Shirts

O Unterwäsche

Medikamente

O Blasenpflaster

O Anti-Durchfalltabletten

O Erste-Hilfe-Set

O Fiebertabletten

O Fiebertabletten

O Mückenschutz

O sonstige Medikamente

O Pflaster

O Kopfschmerztabletten

Unterlagen & Papiere

O ADAC Unterlagen

O Adresslisten für Postkarten

O Krankversicherungsnachweis

O Stadtplan

O Führerschein

O Unterlagen für die Unterkunft

O Wasserdichte Hülle für Reiseunterlagen

O Impfausweis

O Mietwagenunterlagen

O Personalausweis

O Reisepass

O Reisetagebuch

O evtl. Studentenausweis

O evtl. Visum
O Zug- / Bahn- / Flugticket

Taschen & Rucksäcke

O Koffer / Trolley / Reisetasche
O Regenhülle für Rucksack
O Rucksack

Schuhe

O Badeschlappen / Hausschuhe
O Schuhe und Wechselschuhe

Sonstiges

O Brille / Kontaktlinsen und Etui
O Buch zum Lesen
O Ohrenstöpsel und Schlafmaske
O Regenschirm
O Reisedecke
O Wasserflasche
O Wörterbuch

Elektronik

O Digitalkamera

O Handy

O Ladekabel

O Kopfhörer

O evtl. Steckdosenadapter

O Power-Bank

Herstellung und Verlag:

BoD – Books on Demand, Norderstedt

ISBN: 9783752886597

© Emma Wallenstein 2020

1. Auflage

Kontakt: Psiana eCom UG/ Berumer Str. 44/ 26844 Jemgum

Covergestaltung: Fenna Larsson

Coverfoto: depositphotos.com